습습한 존재

인문학 시인선 024

슴슴한 존재
신종승 제2시집

제1쇄 인쇄 2024. 11. 15
제1쇄 발행 2024. 11. 20

지은이 신종승
펴낸이 민윤식
펴낸곳 인문학사

등록번호 제 2023-000035
서울시 종로구 종로19 르메이에르 종로타운 1030호(종로1가)
전화 : 02-742-5218

ISBN 979-11-93485-20-0 (03810)

ⓒ신종승, 2024
Printed in Seoul, Korea

*잘못 만들어진 책은 본사나 구입하신 서점에서 교환하여 드립니다.
*이 책은 저작권법에 의해 보호받는 저작물이므로 저작자와
 출판사의 서면동의 없이는 무단 전재와 무단복제를 금합니다.

인문학 시인선 024

신종숭 제2시집
슴슴한 존재

인문학사

시인의 말

존재하는 것들은 자기 존재를 드러내고 싶어 한다지요.
그래서 빛 앞에 서 보았습니다.
그랬더니 길게 그림자만 졌습니다.
있는 건 그림자뿐임을 보았습니다.
채색옷 입기를 생래적으로 거부하는 그림자!
무채색의 그늘만 길고 짙습니다. 그러나
누군가 이 그늘에 앉아 반짝이는 햇살을 바라보다가
명징明澄한 채색 세상을 보는 눈이 계셨으면 합니다.
땡볕에 지친 이가 이 그늘에서 쉼도 얻고,
그랬으면 참 좋겠습니다.
그래서 조근조근 얘기하려 합니다, 아주 조근조근
그늘을 사랑하는 분!
그늘을 사랑하는 마음과 벗하고 싶습니다.
아름다운 무채색 세상을 위해,
투명한 게 그림자일 저의 시편들을 위해,
수카이, 뭉클, 쟈니 우리 가족들 별명입니다.
미안하고 사랑합니다.
그리고 모두 모두 고맙고 감사합니다.

　　　　　　　　　　따뜻한 겨울을 기다리며
　　　　　　　　　　신종승

contents

005 시인의 말

제1부 – **달빛,**
성찰과 반성과 회고와

012 오래된 집
013 뒤늦은 성숙
014 슴슴한 존재
015 어리석다
016 내 이름
017 가을 숲
018 어중간
019 따옴표
020 마음이 찔리다
021 제비꽃
022 땅거미 지는 시간
023 나목에게
024 허탈한 마음
025 별빛의 탄성
026 고얀 성질머리
027 물망초 꽃잎의 눈총
028 설설설
029 벙긋이 떠오르는 해
030 어둔 세태
031 아이러니 세상을 위한 반어

제2부 – **등불,**
사랑과 미움과 그리움과

034 아름다운 사람
035 그리운 이
036 내 어린 시절
037 빨간 단풍나무 사랑
038 진심
039 어여쁘게 오는 당신
040 땡벌에 쏘인 추억
041 한심
042 오래된 사진 한 장
044 무척이나 사랑했기에
045 단풍든 느티나무의 고백
046 내 그리움의 길이와 깊이
047 우아한 작별
048 안절부절
049 그리운 사람
050 한 마리를 추억하다
051 한 마리 낙타
052 훌쩍훌쩍 내리는 비
053 찐 사랑 맛

제3부 - **별빛,**
감사와 노래와 바람과

056　은혜 헤는 밤
057　내 곁의 네 웃음
058　내가 할 일
059　우리 가는 동산
060　이른 봄비
061　4월은
062　꽃들의 환호성
063　텃밭
064　삶의 흔적 하나
065　우리 집 저녁 풍경
066　한 애국자
067　큰 강 같은 사람
068　시냇물
069　예쁜 눈망울
070　여름 속으로 떠나자
071　늦가을
072　능청 떠는 가을 들판
073　황금벌판

제4부 - **햇빛,**
용기와 격려와 위로와

076　자유, 생긴 대로 노는 거지요
077　꽃이 피네

078 장미꽃 피기 직전의 5월에게
080 여름과 가을 사이
081 삶이라는 거
082 어떤 한가한 날을 위하여
084 빛나는 일
085 절경
086 봄꽃
087 물음표 길
088 황망한 일들
089 여울물 소리
090 큰 나무의 초대
091 꽃은 서러운 것이다
092 허세와 당당
093 가을 붉은 잎
094 그랬듯이 늘
095 파도
096 빛과 그림자
097 운명 철학자
098 새 해

발문
099 조근조근 다가온 슴슴한 시의
 울림과 매력/민윤기

제1부

달빛,
성찰과 반성과 회고와

오래된 집

외딴 곳에 있는 내가 사는 오래된 집
헐고 다시 짓기는 사정이 어렵고
몇 군데라도 부분 개조를 해야겠다

쓸모없이 좁고 많은 방, 내벽 털어내어 거실 넓히고
안락한 소파와 예쁜 탁자를 놓자
아늑한 빛깔의 무드 등도 달고,
벗들이 찾아와 차도 마시고 담소도 나누도록,
어둡고 침침한 곳엔 창문을 운치 있게 더 내자
햇빛과 바람과 풍경이 더 잘 고갤 디밀도록,
높은 담장은 허물어 나지막이 정겹게 다시 쌓자
철제 육중한 대문도 여닫이 나무문으로 바꾸자
이웃집 이야기가 도란도란 드나들기 편하도록,
거미줄 드리운 때 절은 외벽
그리스 해변의 집들처럼 하얀색으로 하얗게 칠하고
지붕은 높은 하늘 물빛으로 칠하여 놓자
햇살이 더욱 눈부시게 그늘에 빛나고
지중해에서 불던 바람이 포도 향기 싣고 간혹 들러
안팎의 쿰쿰한 냄샐 쓸어내 싱그러운 향 날리도록

섬 닮은 외딴곳에 어둠처럼 있는 오래된 내 집
보낸 세월만큼 고집처럼 옹색하고 주장만 단단한,

뒤늦은 성숙

첫 단추 잘못 끼운 때처럼
깨닫는 일이 빠르고 분명하면 얼마나 좋을까
어떤 것은 한세월 다 보내고 나서야, 비로소
깨달아지는 경우 많으니
가슴 살점 회칼에 얇게 얇게 저며지는 것이다
사람들 사이를 나대고 다니며
나라고,
나 한 번 보라고 한 짓들이
단추 잘 못 끼운 옷 입은 어릿광대 같았다니
팔불출,
내가 하는 일은 모두 옳은 줄 알았으니
다 안다고 다 잘한다고 설쳐댔으나
이치도 물정도 그 깊이대로 아는 게 없었으니
한때, 이런 엉터리를 친구나 연인으로 삼았다가
가슴 쓰라렸을 사람들 생각, 문득
미안타 미안타 참 미안타
문득, 찾아드는 삶의 회한
알고 깨닫는 일이
잘 못 끼운 단추 깨닫는 때와 같았으면!
아주 뒤늦은 성숙!

슴슴한 존재

이제는 없으면 없으니 하고
뭔가 좀 있는 체랑은 말고, 우쭐거리며
모르면 모르니 하고
뭔가 좀 아는 체랑도 말고, 우쭐대며
시원하고 하얗게 썰어져 담긴 백김치처럼
슴슴하니
슴슴하니
흰 쌀밥과 어우러져, 슴슴하니
밥맛이나 돋우는 존재 되리라, 그랬으면
이 이상 바랄 게 뭐가 또 있으랴, 그랬으면
서운타 촉 세워 따따부따 하지 말고
맛있다 좋다 고맙다 자주 자주 건네며
그래그래 맞아 맞아 그럼 그럼 기껍게 호응해 주며
하얀 백김치 맑은 국물처럼 속내까지 우러났으면
하얗게 세월 이만큼이나 보냈으니
여태껏 많은 도움 속에서 은혜로 산 삶이니

어리석다

살아본 후에야 안다

그 방향이 얼마나 틀린 방향이었던지,

살아 본 후에야 안다

내 알던 것이 얼마나 부족한 것이었는지,

살아 본 후에야 알게 된다

얼마나 어처구니없는 일을 많이 행하며 살았는지,

살아 본 후에야 알게 된다

살아 본 후에야 깨닫게 된다

살아 본 후에야

살아 본 후에야

살아 본 그, 이후에야

알게 되고 깨닫게 된다

사전에 일찍 좀 알았으면!

일찍 알았대도 역시나 역시였는지도 모르지만,

내 이름

뻐꾹이 뻐꾹뻐꾹 울어 뻐꾹새라 부르고
뜸북이 뜸북뜸북 울어 뜸북새라 부른다면
나는 꺼이새일 것
세상사 돌아가는 꼴 보면
꺼이꺼이 울음 나오고
내 살아오며 했던 말 되뇌어 보면
꺼이꺼이 울음 난다
내 지내오며 했던 행동 되돌아보아도
꺼이꺼이 울음 나는 게 많고
내가 허투루 보낸 시간들 다시 돌아보아도
꺼이꺼이 울음 난다
내가 내렸던 결정들 생각해 보면
꺼이꺼이 울고 싶은 것 많고
미안하게 생각 드는 일도 부지기수이니
가시 되어 가슴 찌르는 어제여!
어찌 그리 아이보다 못한 행동을 그리했는지,
무엇보담도, 남의 일에 잘난 체 나섰던 일들
생각할수록 꺼이꺼이, 꺼꺼이
자기 일이나 잘하지 주제 무슨?
나는 가슴 잘 메고 목 잘 쉬는 꺼이새

가을 숲

뻗쳐오르는 검푸른 혈기를 마구 부려대며
기고만장하던 시푸른 숲
비로소 철이 좀 드는가 보다.
그동안을 반성하는 듯 얼굴 붉혔다
미안해요, 하는 듯이
노란 주의 표지도 넌지시 들어 올렸다
조심할게요, 하는 듯이
돌아보니 그게 다가 아닌 걸 안 모양이다
돌이켜보니 그게 다가 아니라는 걸,
나만 옳다고 시푸른 주장 무성히 해댔던 시절
지나고 보면 그게 다가 아니었는데,
외길만이 아닌 여러 갈래로 잇대어져 있는 길
이 길만이 아니라는 걸 아는 일은 익는 일
가을 숲이 붉고 노란 감빛으로 익어가고 있다
푸른 시절 땡 맛 달짝지근하게 익겠다

어중간

잘 생겼단 소릴 듣나요, 못생겼단 소릴 듣나요?
잘 생겼다는 말 듣는다고, 못생겼다는 말 듣는다고
으스대거나 속상해하진 마셔요
본질과 실상은 모두 다 어중간이지요
예쁜 것도 미운 것도 세월이 훑고 지나면
모두 모두 다 어중간하게 변하는 허상虛像
예쁘지도 않고 밉지도 않게,
무슨 별별 짓 다 해도 소용이 없다네요
결국 늙은 호박이 되는 거지요
아니 아니 오래되고 투박한 검은 질뚝배기랄까!
하루하루 생긴 그대로 내로라 사는 거예요
하지만,
그냥 되는대로 내버려 둬 펑퍼짐 퍼지면 안 된대요
꽃밭 가꾸듯 가꾸기도 해야지,
면경面鏡보다는 심경心鏡을 더 자주 자주 보며
호수처럼 깊고 넓게 마음갈이 하여
눈길 손길 발길에 달달한 정 과즙처럼 배어나도록
햐, 뚝배기보단 장맛이네, 하고 모두 모두 놀라도록
참사랑의 해상도는 말예요, 놀란 가슴이
팍- 스파크 튀기는 불꽃의 순간 밝기라 하네요

따옴표

너를 뽑아 세운다, 따옴
너를 불끈 데리고 온다, 따옴
너를 움켜 품에 안는다, 따옴
너와 내가 몸과 영혼을 한데 섞는다.
나는 네 가슴을 더듬고, 너는 내 심장을 훑는다
이건 네가 그리울 때 너를 품어 안는 내 방식
너는 내 안으로 가볍게 걸어 들어오고
따독따독,
그래서 따오기 소리도 난다
따옥따옥,
사과나무에서 잘 익은 사과 따는 손끝도 보인다
똑, 똑, 똑
잡음 하나 없는 경쾌한 소리, 따옴
먹이를 움킨 검은 독수리 갈퀴 발의 번쩍이는 비린내
움키는 일은 자못 치열하다
치열하게 너로 내 빈 배 채워 허길 면하는 일이니
너를 움킨다, 내 것으로 움켜잡는다
난 이런 사람이라고 목 세우는 사람들의 사고방식
따옴, 사람들은 자기 콧대를 도드라지게 세워간다
콧대 높은 요즘 사람들!
글자 머리 위 방점 하나 찍는 드러냄표가 아쉽다

마음이 찔리다

아주 오랜만에 초등학교 동창회에 참석했다
어려서부터 이웃교회에서 큰일은 도맡아 해
부러웠던 방앗간 집 아들인 친구와 나란히 앉았다
이야기꽃이 피며 한참 흥이 돌아 떠들썩해질 때
야, 쟤 말이야,
쟤 지금도 교회에 다니는 데 마흔이 넘은 자녀
아직도 출가시키지 못하고 있대, 하더니
얼마나 기도를 안 했으면 그럴까, 그런다. 순간
야, 아직 나도 결혼 못 시킨 마흔 넘은 아들딸 있어,
하는 말 입 밖까지 튀어나온 걸 힘껏 꾸겨 넣었다
아주 힘껏!
그 친구, 남의 처지 두루 살피지 못하고 입방아 찧었네,
하고 마음 찔려 미안해할까 봐, 아니
자녀들의 혼사에 관해서는 제대로 기도하지 못한
내 자신이 마음 찔려서, 아니
너 기도 능력 되게 없는 목사네, 하는
소릴 들을까 봐, 마음이 찔려서
꽤나 거룩하고 능력 많은 목사인 척 걸음걸일 했으니

제비꽃

이름도 없이 피었다 지려 했던가
빛도 없이 살다 슬쩍 사라지려 했던가
드러내 보이지 않으려 몸 낮추고 낮춘 꽃
나 좀 봐 하지 않으려는 듯 숨어 숨어 내민 얼굴
웃음 물고 방긋,
뽐내기 좋아하는 사람들과는 어찌 그리 다른지
그게 행복의 다는 아니라는 가르침
아침 이슬이 머금고 입에 문 하늘빛
그것이면 마냥 족하다는 담금질 받은 자족 맵시
이슬 반짝 옥빛 반짝,
풍기는 모습이 그렇다
부르는 노래가 그렇다
낮게 앉기를 좋아하는 사람들이 붙여준 이름
병아리 꽃,
병아리 꽃,
몸 낮추어 앉아야 눈길 마주칠 수 있다

땅거미 지는 시간

땅거미 지는 시간은
모두가 자기 몸가짐 단정히 하고 머릴 조아린다
다소곳이, 다소곳이
산등성이도
골짜기도
숲도, 그 아래로
가로누운 호수도
세례 받으려는 신자처럼 무릎 꿇고 고개 숙인다
무엇이든 다 받아들일 자세
저 무저항의 순응順應
저런 순둥이들이 세상 어디 있을라나!

땅거미 지는 시간은 하루를 성별聖別하는 시간
하루를 돌아보며 자성하고, 자기 신神께 하듯
밤의 역사에 자신을 전적 위탁하는 것이리라
사람들과 달리 하늘 뜻 저리 받드는 만물

방에 작은 등불 하나 켜야 하나
아니면 켠 등불마저 꺼야 하나, 이 순간엔

나목裸木에게

내 귓불 달구어 놓던 붉디붉은 네 숨결
내 동공 아롱이어 가슴 뒤흔들던 네 금빛 환성歡聲
서두르듯 이렇게 모두 거두어 가 버리고 나면
찬란했던 이 한해는 기울고
난 또 혼자가 되어 이곳에 남게 될 것이다
탈색된 무채색이 어둠처럼 드리운 외진 길 여기,
나더러 어쩌란 말이냐, 다 없는데
혼자가 된 내 발걸음
네 숨결과 환성을 바삭바삭 곱씹으리니
그리움은 날개 펴 퍼덕거리고
회한悔恨은 화살처럼 날아 가슴에 박힐 것이다
나더러 어쩌란 말이냐, 다 벗었는데
계절은 겨울로 더욱 깊어가고
깊어가면서 더 웅숭깊어지라 할 것이니
얕고 얇은 네가 언제나 문제였다며,
나더러 어쩌란 말이냐
이제 어쩌란 말이냐
진정, 혼자일수록 더욱 해맑아지는 순결
비울수록 더욱 충만해지는 부요富饒, 그 역설을
은총으로 믿고 바라라고 말하고 싶은 게냐?

허탈한 마음

가을걷이 다 끝난 논바닥
한여름 뙤약볕에 몹시 탄 듯 검고 지친 얼굴
온통 주름투성이다
알뜰살뜰 키운 것들 다 떠나보낸 빈털터리 몸
입 꾹 다물고 멀뚱한 눈 끔뻑이며 꾸부려 앉아 있다
산사태로 허물어진 집 앞에 주저앉은 사람 같다
이심전심 허탈한 마음!
잎 다 지우고 선 미루나무가 멀뚱한 위로를 건넨다
담배라도 깊이 빨아 높이 높이 뿜어내고 싶겠다
아니면 술이라도 벌컥벌컥 들이켜 마시던지,

이게 숙명이라도 그렇다
이게 어찌할 수 없는 운명이라도 그렇다
이게 하늘이 내린 사명이라도 그렇다
허탈한 마음 어찌할 거나!
땅 꺼질 듯 깊은 한숨, 한스런 탄식 외에,
그래도,
하루하루를 산 이 땅 사람들 타령은 구성지기만 하다

별빛의 탄성

도시의 밤, 별들이 잘 보이지 않네
흐르는 성운의 냇물 소리는 들리지도 들을 수도 없고
별 헤던 밤의 탄성歎聲도 덩달아 사라지고
괴변과 괴성, 원성만이 난무하네
쳐다보는 이들의 골 깊은 탄성과 탄식만이
뒤덮인 안개처럼 자욱한 어두운 밤이 되었네
별빛, 도시를 이룬 사람들이 잃어버린 귀한 보물!

영롱한 별빛,
그 별들의 노래, 성가星歌는 들리지 않네
총기란 총기는 다 땅으로 떨어져 자지러든 건가
성가는 끊기고 욕정에 비틀거리는 취가醉歌뿐
아무리 살펴보아도 초롱초롱한 별빛이,
그 초롱초롱 영롱한 별빛이 보이질 않네
키 높이 자랑하는 빌딩 숲의 불빛만 요란할 뿐,

별처럼 빛난다는 소리 들어 본 건 언제 적 일인지
별빛이 보이지 않는 도시의 밤!
별로 보이는 게 별로 없는 참 명랑한 밤이네
별빛 영롱하여 밤의 깜깜함도 아름답다 하는 것을…
요즘 도시의 밤은 제멋만 찬란한 어둠 일색이네

고얀 성질머리

고얀 성질머리, 마음 허깨비
아무리 불끈 솟았다 해도 손 한 번 흔들어 주고 가면
손바닥 눈 녹듯 녹아 버린다
점멸등 몇 번 깜빡여 주고 가도
손바닥 눈 녹듯 자지러들고

참 신기도 하지
그 간단한 무자본의 손놀림 하나 자선하지 못해
길바닥,
한 가운데서 멱살잡일 하는 볼썽사나운 꼴이란
평소 점잖음은 혼자 다 떨면서

길가며 사람 사이-人間-에 귀한 일 별거 있다던가?
마음에는 없어도 미안한 표정쯤 살짝 그려내고
살랑살랑 좌우로 손 몇 번 흔들어 주는
깜빡깜빡 점멸등 몇 번 켜 주는
작은 자선, 그것 외에

비좁은 길만이 거리의 문제가 아니다
길보다 좁고 좁은 너와 내가 이 길 달린다는 사실,

물망초 꽃잎의 눈총

물망초 파란색에 홀려 꽃대 사이로 손 슬쩍 넣어보았죠
똘망한 눈망울의 하늘색이 묻어날 것 같아 몸 사리는데,
Forget me not! 하고 영어로 인사를 건네네요
(내가 영어 좀 하는 줄 어찌 알았을까요!)
How could I forget you!
나도 영어로 아주 나지막하게 속삭여 주었죠
그러자, 마침 불어오는 남실바람에 꽃송이들
핸드벨 콰이어처럼 종소리를 파랗게 쏟아내더군요
아, 밤하늘의 별꽃같이 반짝거리는 종소리

나를 잊지 말아요, 하며 어깰 기대고
내가 어찌 당신을 잊겠어요, 하며 감싸 안으면
핸드벨 파란 종소리 흩날리는 물망초 꽃밭처럼
파란빛 선율 흐르는 루비 세상 아니겠어요
그런데, 뉴스를 타는 깨진 사랑 얘기는 웬일인가요?
너무 많기도 하고, 더러는 끔찍하기까지 합니다
진실한 사랑은 잊지 못해, 잊을 수 없어 하는 마음
쉽고 가볍기만 한 삶, 세상천지 어디 있을라나요
뿌리 내린 땅이 척박해도 부를 노랜 많다는 물망초
물망초, 물망초, 물망초 하며 눈총 줍니다
우리 가는 인생길이 나그넷길 아닌가 하며,

설설설

어찌하려고 너 그리했느냐,
하얗게
하얗게
그렇게 죄다 네 생각으로 뒤덮어 버리다니

웅숭그리고 가던 바람 소리 미끄러지며 나뒹군다
하얗게
하얗게
어쩔 줄 몰라 한다

아, 어쩌려고 너 그러는 게냐,
하얗게
하얗게
속 불편한 사람 입술처럼 푸른 기운까지 돈다

너만 하얗게 옳다는 건 아닐 테지
너의 그 결벽증에 세상은 지금 엉금엉금 긴다
설설설,
雪, 雪, 雪,

아무리 너 그런대도 오는 봄은 잠시 혼란스러워할 뿐
하얗게
하얗게
길 잃은 적 없다

벙긋이 떠오르는 해

아침 해가 벙긋이 떠오른다
어제의 내 실수 같은 안개가 엷게 드리워
얼굴이 벙그레 부끄러운 빛이다
오늘을 새롭다 말하지 마라
오늘은 어제에 꼬리 물려 나오나니
어제가 부끄러우면
오늘의 해는 저렇게
벙긋이 떠오르나 보다
활짝 뜨지 못하는 벙벙한 눈을 하고
벙긋이
벙긋이
해도 떠오르면서 미안하고 부끄러운 것이리라

어둔 세태世態

모든 전구는 촉이 나갔고
신호등은 점멸등이 되어 껌뻑거리기만 하고
모든 거울은 좌우상하로 금이 갔고
다리란 다리는 죄다 낡아 삐걱거리고
문들은 경첩이 어긋 낳고
빛바래고 찌그러진 간판들이 어지럽다
빛을 잃은 해와 달과 별
어둠만이 무너져 내린 듯 수북수북 쌓였다
길이란 길은 죄다 흙먼지 자욱하다
길이 보이지 않는다
방에 작은 촛불이라도
작은 촛불이라도 하나 켜두어야겠다

아이러니 세상을 위한 반어

아니 땐 굴뚝에 연기 난다
마른하늘에 번개 친다
우물가에서 목말라 죽는다
콩으로 쏘는 것은 메주가 아니다
침묵은 침묵이지 금이 아니다
되든 안 되든 개처럼 컹컹 짖어라
눈 가리고 아웅 해라, 그게 뭐가 문제이랴
그래도 믿어주는 사람 많이 있다, 그래야
무언가라도 되느니
달 없이도 휘영청 밝은 밤거리
낯짝 없는 낯으로 활개 치는 군상
아, 이 신실한 진실 사회!
참 살만한 세상!

제2부

등불,
사랑과 미움과 그리움과

아름다운 사람

별이
눈 속에서 반짝이는 사람

온 누리 두루 비추는 태양이
얼굴에 환히 떠 있는 사람

둥그런 달이
마음의 창에 은은한 달무리 드리운 사람

파란 수평선의 바다가
가슴에서 일렁일렁 파도 이는 사람

어루만지는 손길은
숲을 휘덮고 오르는 아침 안개처럼 촉촉한 사람

어렵고 힘든 날의 신음도 호수에 드리운 불빛처럼
잔물결에 흔들릴 뿐 고요한 사람

눈감아도 선히, 환히 떠 있고
마음의 것이 호수처럼 깊이 잠긴 그런 사람

그리운 이

너는 꽃이었다
나는 나비였고

우린 한때가
그렇게 둥둥 함께였다

둥둥
둥둥

내 어린 시절

분꽃 씨,
분꽃 씨,
하고 몇 번 되뇌면
눈동자가 유달리 새까맣던 누나의
분 바른 달덩이 얼굴이 생각나고

볍씨,
볍씨,
하고 몇 번 되뇌면
노란 좁쌀 허연 감자 몇 알이 전부인 밥솥 한쪽에
오직 아버지만을 위해 따로 한 줌 얹혀 놓은 쌀밥
고 하얀 윤기와
아버지 진지 뜨고 남긴 밥알 몇,
고 몇 톨이 살살 녹이던 입맛과
아버질 생각하는 엄니의 고 아련한 사랑이 생각난다

올해도, 고향집 흙돌담 아래는
가지가지 색깔의 분꽃이 까맣게 씨를 매달고
산골짝 좁은 논두렁 층층을 가득 메운 벼가
눈부신 황금빛 아우성치듯 휘날리고 있을까?
내 어린 시절 내 고향 그때처럼,

빨간 단풍나무 사랑

'그런데 자긴 내가 그리 좋아?
얼굴 빨개지며 눈길 돌리는 저 내숭 좀 봐
자긴, 속내 못 감추는 말간 내 순진이!'

시퍼렇게 날 비린내 풍기며
무성한 풀처럼 푸르딩딩 만 하던 그녀가, 어느 날
내가 좋다며 붉힌 얼굴로 까불까불한 말입니다

'아이, 내도 몰러!'
그날 우린 햇살 맑게 비친 빨간 단풍나무였습니다
간들간들 부는 말간 바람에 까불까불 순진 짓하는,

아, 내 빨간 추억, 말간 내 사랑!

진심

작은 집 서너 채가 이마를 맞대고
도란도란 사는 깊은 산골 마을
연한 분홍 노을을 너울처럼 두른 서산 봉우리

저녁엔
조용조용
어둠을 펴고

아침엔
조용조용
어둠을 갠다

두 볼 발그레 수줍은 어여쁜 신부처럼
조용조용
조용조용

아, 눈 오나 비 오나 한결같은 그곳 그 자리
아, 저 호수처럼 깊고 찬찬한 까만 속눈썹
그저 조용 조용 조용

어여쁘게 오는 당신

얼마나 아름다운가,
내게로 어여쁜 당신이 오고 있다는 게
고달프던 어제도
힘겨운 오늘도 아닌
이제 감칠맛 낼 시간이 발랄하게 오고 있다는 게
흐르는 냇물처럼 찰랑찰랑대며,

눈부신 햇살을 기타처럼 퉁기는 윤슬처럼
내 마음 퉁퉁 퉁기며 내게로 오는 당신
얼마나 아름다운가, 감격스러운가
내게로 당신이 희망처럼 오고 있다는 게
내게로 추억처럼 오는 예쁜 당신이 있다는 게
그런 당신을 사랑하며, 기다리며 있다는 게

땡벌에 쏘인 추억

이쁜 영희도 낀 가시내들 나비처럼 팔랑팔랑
잘도 넘는 고무줄놀이
그땐 왜 그리 가시내들 고무줄놀이를 좋아했는지
연필 깎는 칼 손에 감춰들고 쌕쌔기처럼 날아들어
싹둑, 고무줄 끊고 도망치며 해해거리다
공부 시작종 울려 모두가 제자리 할 때
갑자기 떼 지어 몰려든 새빨갛게 단 땡 벌들에게
온몸 성한 데 없이 쏘인 추억 있지
우당탕 쿵쾅 쥐어박히기도 하고,
선생님 오시기 직전의 그 무주공산에,
아, 행복한 통증

지금도 궁금한 건
그 벌 떼 공습에 내 이쁜 영희도 끼어있었나 몰라
그냥 멀뚱멀뚱 딴전 피우고 있었을 거야, 아마
내 이쁜 영희!
그나저나 어찌 됐거나, 지금도
젖은 날 만드는 행복한 이 통증

한심 寒心

자다가 깬 잠 다시 재우려 하니
꼬리 물고 깨어 나오는 생각들
한심한 일 하도 많아 음음거리며 뒤척이는데
자다 말고 한숨은 웬 한숨이야, 한마디 하는 아내
한숨 안 나오게 생겼어?
우리 정치판 돌아가는 꼬락서닐 봐도 그렇고
세월은 처먹는데 변한 게 없는 내 꼬락서닐 봐도 그렇고
마흔 중반 넘어서도 결혼 못 한 자식 놈 흰소리도 그렇고
…도
…도
……,

그런데 이 한밤,
그댄 어찌 잠 못 이루다 내 한숨 힐문하는고!
혹여 나 땜시는 아니 것재?!

오래된 사진 한 장

자료를 찾다 책갈피에 꽂혀 있는 빛바랜 사진 한 장
어쩜 이리 아리땁고 귀여운 아가씨가 다 있나
내가 좋아하는 긴 생머리에다
탱글탱글한 얼굴에 눈동자 반짝이고
좀 구식이기는 하지만 단정한 정장 차림
긴 끈 가방이 어깨에 메어 있다
멋지게 굽 높은 하이힐까지 어울리게 신고 있고
자세도 다소곳하니 참 반듯하다
햐, 내가 잘 반하는 눈 휘둥그레지는 매력 미모!

그냥 지나치려던 눈동자 급히 멈춰 선다
멋이란 전혀 상관없는 듯 입던 옷 또 걸쳐 입고
아무렇게나 말아 핀 꽂아 올린 편한 머리에다
늘 주방에서 달그락거리며 생활이나 매만지는
그래서 지금도 나랑은 등 보이고 서 있는
아, 저 사람에게 이런 시절도 다 있었단 말이지!
놀라, 눈 동그랗게 뜨고 다시 견주며 본다
마트는 세일 때 가려고 눈 밝혀 전단지 살피고
영수증 일일이 점검하며 노트에 적고
이제는 잔소리까지 시시로 하는 여자
저 양반한테 진정 이런 때도 있었단 말이야?

긴 머리 소녀*를 부르면 생각나던 나의 긴 머리 소녀
어쩌다 잊어버렸나, 숨 들이켜면 향긋하던 내 아가씨

당신 참,
나 잘못 만났다 하는 건 아닐 테지?

*둘다섯의 노래 긴 머리 소녀에서

무척이나 사랑했기에

너 아팠냐, 나도 아팠어

너 슬펐냐, 나도 슬펐어

너 힘들었냐, 나도 힘들었어

너 좋아했듯 나 좋아했고

너 기뻐했듯 나 또한 기뻤어
.
.
혹여, 너 지금도 그때가 그립냐?

난 오늘도 너와 올랐던 동산에 올랐다 왔다

단풍든 느티나무의 고백

어느 이른 봄날

동네 하늘은 혼자 다 차지한 듯이
성근 빈 팔 넓게 펼쳐 들고 서 있어
몸짓이나 컸지 제 몸치장도 못 하는
어리숭한 꺼벙이라고, 온통
꽃단장하고 뽐내는 꽃나무들의
입 방아질로 화색 하나 없더니

어느 농익은 가을날

저녁노을 같은 황홀하고 부신 황금 옷 걸쳐 입고는
온 동네가 다 술렁술렁 뒤숭숭 이게 만들어놓았어
꽃 빛보다 더 화사하고
꽃잎보다 더 타오르는 눈빛을 하고

세상 다 들어라 고래고래 소리 지르는 거야,
온 동네가 훤하게 알아야 한다며
'널 정말 사랑한다 숙아, 사랑한단 말이야 정말'
아, 정말 못 말리는 저 사랑 고백,
아, 정말 못 말리는 시끄러운 저 세레나데!

내 그리움의 길이와 깊이

언제나, 아련한 내 기억 저 끝자락에 서 있는
당신,
그곳이 어딘지 알지는 못하지만
그저 막연한 저만큼이어서가 참 좋다
막연한 저만큼이 내 그리움의 길이와 깊이가 되니

아련한 저만큼의 끝자락 거기에 있는 당신
여전히
팬지꽃 미소를 머금고
그때 어느 날처럼 깊은 속눈썹으로 날 보고 있다
아, 팬지꽃, 그 팬지꽃의 푸른빛 눈빛을 하고

순진무구, 그 무진장한 감정이 아련히 묻어나는
당신이 살짝 놓아두고 떠난 기억 끝자락 저만큼
팬지꽃잎에 이는 흔들림의 촉 같이 아련한 저기,
저기 저만 큼까지의 길이와 깊이가 내 그리움
거기를 다 채우고도 남는 내 그리움

우아한 작별

때로는, 잡으려다가 붙잡으려다가
결국엔 손 놓고 마는 때 있다
잡았던 손 놓지 않을 길이 없어,
바르르 떨다, 바르르 떨다가 끝내 손 놓고 만다
모든 이별이 그런가?

가을 숲,
지난밤은 이 떨림으로 요란했나 보다
떨어진 잎새들 숲길에 나뒹굴고
나뭇가지도 별수 있었으랴,
앙상해진 손마디 뼈가 드러나 보인다
바르르 떨며 견디다 견디다가
끝끝내 손 놓고 말았나 보다

놓지 않을 수 없는 찰나에 반짝였을 눈빛
온기 있는 작별 인사라도 나누었을라나
함께 했던 시간들 고마웠다고 참 고마웠다며
내일을 기약하는 손가락이라도 걸었을라나
우리 다시 만나자며, 기다리라며
떠나며 바람 따라 빙그르 돌았을 선율旋律의 윤무輪舞
이별의 순간이 그리 우아할 수 있는 건가!

아, 가을 숲이 우아하게 깊어 가고 있다

안절부절

말기 암에 걸린 내 누이가 숨 할딱이며 누워 있다
암 병동 77호실

일그러진 다문 입 비집고 나오는 짤막짤막 신음
바라볼 수도 없고 외면할 수도 없고….

외면하자니 내 사랑하는 내 누이이고
바라보자니 내가 해 줄 수 있는 게 없다

병으로 누운 아리따운 내 누이야!
해 줄 것이라곤 내게 아무것도 없구나, 아무것도

그리운 사람

온다는 눈은 오지 않고
하늘만 얼굴 잔뜩 찌푸렸다

무거움이 꽉 메운 컴컴한 하늘

올 듯 말 듯

그리운, 몹시 그리운
그 사람처럼

올 듯 말 듯

한 마리를 추억하다

원숭이도 나무에서 떨어질 때 있다 했다
어느 아둔한 한 놈이 나무에서 떨어져
이런 불명예를 원숭이에게 뒤집어씌워 놓은 걸까?
너와 나를 위해선 태어나지도 말았어야 옳을 한 놈

미꾸라지 한 마리가
온 연못물을 흐려놓는다고도 했다
가만있는 다른 미꾸라지에게 있어서 고 한 마린,
참 억울한 불명예를 입혀 주는 놈이 아닐 수 없어

한 마리, 고 한 마리가 언제나 어디서나 문제였지
어릴 적 교실에서도 유독 떠들어대는, 한 놈 있어
단체 벌 받은 추억 있지, 억울하게
이 억울함은 병영 생활을 한 사람들에게는
몇 번이고 겪었던 추억일 터, 고 한 놈
너와 나를 위해 넌 태어나지 말았어야 옳았어

세월은 강물처럼 흐르고
광나루 건너 한강 둔치 널찍한 데를 거닐다 보니
불현듯 그 한 마리 생각이 나는 거야
원망 덩어리가 아니라 추억 덩어리로,
내 추억을 오색 미소로 또렷이 그려 놓고 있었지
그 한 마리, 잘 있을까 오늘, 나쁜 짜아식!

한 마리 낙타

지하철역에서 서성이고 있는 한 사내를 보았다
좀 누추해 보이는 옷같이 칙칙한 피부와
무슨 서러움이 그렁그렁 매달린 검고 깊은 큰 눈
마치 동물원에서 보았던 눈 깊고 목 긴 낙타 같은 사내
깊은 눈 긴 목만큼 깊고 긴 그리움이 매달린 것 같다

분명 그는 혼자이나 혼자가 아닐 것이리라
집에 들어가면 아빠, 하며 제일 먼저 달려 나와
강아지처럼 꼬리치고 매달릴 아이들
한 걸음으로 쫓아 나와 눈물 터트리며 폭 안길 아내
이렇게 돌아오기를 고대하고 고대하는
눈 까만 가족들이 눈 까맣게 기다리고 있으리라

비행기 타고 수십 시간 가야 할 고향

고향을 떠나와 삶의 울에 갇혀있는 한 마리 낙타
온 가족의 희망과 꿈을 달팽이처럼 등짐 진 가장
몸은 여기 있어도 마음은 바다 건너 저편에 있는
아, 한 마리 고달픔

훌쩍훌쩍 내리는 비

훌쩍훌쩍 내리는 비에
유리창이 주루룩 눈물을 흘린다
오랜 젊은 날, 신이의 볼에서 보았던 그 눈물
나와의 이별에 숙인 그 볼에 흐르던,
또 누가 그런 철없는 이별을 만들고 있다는 건가
주루루 주루루 슬픈 유리창이 어지럽다
얼마나 마음 아팠으면 그랬을까
깨달아 느껴지는 지금은 내 마음 많이 아프다
참 미안하다, 그렇게 잘 참아 내다니
그런 너에게 안녕하며 손 한번 내밀지 않았으니
넌 갓 돋아난 연둣빛 새순이었지
어떻게 생각해도 너의 여린 마음에 깊었을 생채기
넌 어떻게 보듬은 걸까
그냥 싹 지운 걸까?
그래 잘했다, 까짓거
그냥 싹 지워버려라, 눈물 흘리지 말고
나보다 천 배 만 배 잘해 줄 사람 만나야 한다
꼭 그래야 한다, 신아!

찐 사랑 맛

예쁜 사람보다 아름다운 건 평범한 보통 사람
밉지도 예쁘지도 않은,
일설엔, 대개 이런 사람은 겉보다 속이 깊다 합디다
(못났으면서 속도 깊지 않으면 그냥 놔두세요)
속이 풍기는 멋은 외모보다 더 아름다워요
젊거나 좀 예쁜 건 해파리처럼 톡톡 쏘잖아요?
속 깊음이야 말로 다양한 맛을 지닌 어두魚頭, 별미죠
진미珍味는 진정 씹을수록 깊은 맛이 우러나는 것
푹 고아져 우러난 뽀얀 사골국물 그 깊은 맛처럼,
깊은 계곡 속에 각가지 생명체가 품겨 살듯
깊은 마음에 다양한 생활이 따스이 품겨 산답니다
툭툭하니 투박스런 뚝배기지만, 그 속에서 끓는
보글보글 된장찌개 구수우우한 맛이란!
이런 게 속 깊은 찐 사랑 맛!
그래도 여자는 예뻐야 한다고요?!
참 잘 났어요, 정말^^!

제3부

별빛,
감사와 노래와 바람과

은혜 헤는 밤

별 하나 나 하나 별 둘 나 둘
은혜 하나 나 하나 은혜 둘 나 둘

나의 나 된 것은 은혜로 되었으니
은혜 하나 나 하나 은혜 둘 나 둘

내 머리칼에서 발끝까지
내 속눈썹 하나에까지
나의 일어서고 앉는 모든 일에까지
다 은혜로 되었으니
다 은혜로 되었으니

은혜 하나 나 하나 은혜 둘 나 둘

수없이 많은 하늘 별
수없이 많은 하늘 은혜

은혜 하나 나 하나 은혜 둘 나 둘
나의 나 된 것은 다 은혜이니
다 은혜이니

내 곁의 네 웃음

네 웃음이 내 곁에 있어서 참 좋다
비 오는 날에도
바람 부는 날에도
눈 오는 날에도
혹 번개 치는 날에도
네 웃음이 내 곁에,
내 곁에 있어서 참 좋다
민들레 홀씨 하얗게 흩날리듯
툭 터져 내 어깨를 감싸며 날아가는 네 웃음
내 곁에 그런 네 웃음이 있어 참 좋다
내 곁에 그런 네가 있어 참 좋다
달무리진 달처럼 내 마음에 떠있는 너

내가 할 일

따스하니 눈길 보내는 일
보드라니 손길 건네는 일
은은하니 미소 주는 일
널 위한 내 할 일,
고맙다고
미안하다고
힘내라고
조금만 더 참자고
내 부족이 네겐 멍울이었으니,
가만히 네 고민에 승선하고
떠들썩하니 네 기쁨에 동승하고
그렇게 어깰 맞대고 걷다가
숨겨온 노란 감귤 하나
네 주머니 손에 슬쩍, 쥐여 주는 일
그렇게 네 거칠어진 손 폭 감싸 주는 일
그렇게 네 속의 멍울 보듬는 일
지금에라도 널 위해 내가 할 일

우리 가는 동산

산 넘어 또 산
그 너머에 또 산
길은 산 따라 오르내리고
우리 가는 동산은
구름 감도는 저 산들 너머에 있다하네
산을 병풍처럼 두르고서, 그대
우리 함께 올라 별과 꽃을 딸,

산산 산, 우리가 나누는 이야기만큼 펼치어 있는
그 산들 너머에 있다하네
우리 가는 동산은,
부지런히 오르내리며 돌고 도는 길 저 끝자락에
있다하네, 그대
함께 부를 우리의 노래와 함께
별을 헤고 꽃향기에 취할,

이른 봄비

간밤에 이른 봄비 내렸나 보다
숲길은 젖어 촉촉이 물기 빛나고
가지와 가지엔 진주구슬 옥구슬 송알송알 매달렸다

봄비는 돋는 새싹 마중 나선 엄마 손
곧 깡총깡총 뛰어나오는 새싹들 보겠다
유치원 아이들 엄마 손 잡고 나서는 깨금발 같은,

봄비는 새 눈 쪼옥- 줄 세우는 선생님 손끝
곧 가지마다에 쪼르르 쪼르르 돋아나는 새 눈들 보겠다
초등학교 새내기들 앞으로나란히 같은,

봄비는 꽃 세상 만드는 선생님 호루라기
곧 살랑살랑 송이 꽃 흔들어 대는 꽃 대궐 보겠다
종이꽃 매단 손등 모아 꽃 세상 만드는 매스게임 같은,

곧 활짝 핀 봄꽃들의 아카펠라 합창이 울려 퍼지고
얼어붙은 땅 뚫어낸 생명들로 산천이 들썩이겠다
아, 새 세상 흥겹고 흥겹겠다
참 천진난만하겠다!

4월은

희망을 잃지 않고 산 삶이 결국 부를 승리의 노래
매화
산수유
개나리
진달래
벚꽃
목련
……,
하나하나가 화성和聲 짙은 음색 지닌 특유의 발성들

4월은,
이 발성들이 앞서거니 뒤서거니 울려내는 아카펠라 합창

뮤지컬의 극적 장면처럼 배우들 우르르 달려 나오며
팔 펼쳐 들고 포르테 시모로 외쳐 부르는 환희의 노래

모진 세월 뒤에는 반드시 새날 온다는 적극적 격려

죽음 뒤 부활 있음을 강변強辯하는 한 전도자의 말씀

4월은 헨델의 할렐루야 합창,
부활절 칸타타를 화려하게 갈무리 짓는

꽃들의 환호성

아, 저 흐드러져 하늘 가득 메운 꽃 웃음소리
분명 이 땅 것은 아니지 아마

아, 저 번져가는 황홀한 빛깔들
분명 이 세상 색은 아니지 아마

언 벌판 언 냇물 건너며 맵찬 바람 견뎌온 몸으로는
아, 그늘 한 점 구김 하나 없는 곱디고운 자태

입을 것 다 입고 가릴 것 다 가렸는데도
아, 모두 다 벗은 듯 눈부신 나신裸身

이 세상 모습이 아니다
이 세상 이야기도 아니다

'사망아, 너의 이기는 것이 무엇이며
너의 쏘는 것이 무엇이냐!'*는 하늘 음성
사망 이긴 부활 생명의 주체할 수 없는 환호이리

*성경 고린도전서 5장 55절

텃밭

하늘로 가슴 활짝 편 손바닥만 한 텃밭
작은 씨앗 뿌려놓으면
따스하고, 자상한 이야기 속살속살 들려준다
쑥갓 조금 내고, 상추 조금 돋우고
고추랑, 방울도마도랑
올망졸망 매어 달고,
풍선 불듯 호박덩이 둥글게 키워 가며
비 오는 의미, 햇살 내리비추는 의미
포르르 멧새 날아와 콕콕 쪼아대는 의미 등속
고 작은 것들의 이야기를 조용조용 들려준다
텃밭은,
하늘로부터 내리는 것들 가슴으로 받고 안아
토실토실 살찌우는 이야기들로 속 꽉 채우는 곳
텃밭에 서면
사람만큼 욕심 많고, 게으른 게 또 있을까!?
다소곳이 하늘 향해 가슴 열어놓고
하늘로 내리는 작은 것들 귀히, 귀히 여기며
바지런, 바지런 떠는 텃밭
조금씩 조금씩 내어주는 데도 모자라지 않다
조금씩 조금씩 내어주는 데도 모자람이 없다

삶의 흔적 하나

흐르는 세월에 삶의 흔적 하나라도 남겼으면 좋겠다
그리움에 젖게 하는 추억거리
가다, 가다 지쳐 되돌아가고 싶은 어떤 날
가서 걸터앉을 수 있는 의자 같은 삶의 그루터기

김삿갓처럼 빈털터리여도 호방豪放히 걷기도 하고
정글 같은 삶의 숲 헤집고 나가다
독사에 물려 사경死境을 헤매도 보고
결국엔 파경破鏡에 이를 아픈 사랑에 빠져도 보고
……,

희구希求하는 바가 현실과 충돌할 때 오는 그 진통들
지나고 나면 모든 게 다 애틋하고 그리울 터
결국엔 아름다운 기억 속의 일이 될 것이니
아, 얼마나 아름다운가, 지나간 옛일들
모든 것은 지나가고 사라지기에 아름다운 것인가!

오늘, 흐르는 세월에 그런 흔적 하나 남겼으면

우리 집 저녁 풍경

큰 소나무 숲도 저 아래로 보이는 아파트 17층
저녁이 오면
흑해의 검은 물이
어디로 새어들었는지
세상은 금세 검은 빛 바닷물로 출렁거린다
뛰어들면 첨벙 물소리가 날 듯한,

검은 베일에 덮여가는 숲과 공원
가고파를 콧노래로 흥얼거린다
막 켜진 공원 가로등
또랑또랑 진주조개잡이를 노래하고
외딴집으로 이어지는 방범등
발라드풍 사랑 노랠 구성지게 부르며
논길 밭길 숲길을 느릿느릿 거닐고
저 멀리 등 뒤로 보이는 시내의 화려한 불빛들
알록달록 뽕짝 노래로 흥이 겹다
빠른 리듬 타며 탭댄스 밟는 아내의 도맛소리
소파에 비스듬히 기대어 다리 꼬고 관람하는
잔광 자지러드는 때 열리는 우리 집 저녁 음악회
구수한 아내표 찌개 보글보글 한 파트 거든다

한 애국자

어르신, 어르신은 그냥 가만 계셔요
그냥 보고만 있으셔요,
젊은것들 왜 늙은이는 이리 허투루 취급하는지
참견 말고 저리가 있으라는 거지
옛말은 잔소리라는 거지

아무리 뽑아 입어도 몸 기울고 색 바랜 퇴물
시나 쓰려니
시도 모르는 아들 녀석에게서 날아오는 건 졸평
책이나 읽으려니 몇 줄도 못 가 눈물 괴는 눈알
뭘 좀 하려니 힘도 부치고, 시켜주지도 않고
에라이, 기도나 해야겠다

나라를 위해 기도나 해야겠다
이 세상이 사람 사는 참세상이 되기를 위해
눈물 나도록 자랑스러운 내 조국이 되기를 위해
설운 입술의 울음에 귀 잘 기울이는 분에게,
이제 입술 설운 때 되었으니
안타까워하며, 감사해하며

큰 강 같은 사람

큰 강은 거침없이 흐릅니다
중심이 흔들림 없어 흐름이 깊습니다
얕거나
얄팍하거나, 얍삽하지 않습니다

비가 오거나
눈이 내리거나
심지어 얼음이 꽝꽝 온몸 굳힐 때도
중심 잡힌 중심으로 여상히 속은 흐릅니다

큰 강은 진실합니다
진실한 것의 걸음걸이 바위처럼 묵직하고 묵묵할 뿐
먼 길 묵직한 걸음으로 돌아들며
모든 걸 보듬고 품고 묵묵합니다

타는 노을 지고 이고 강둑길 걸으면
큰 강 같은 사람이 그립습니다, 그림자 긴

큰 강은 얕거나 좁아 얍삽하지 않습니다
손은 두툼하고 발걸음 또한 묵직합니다

시냇물

몸 낮추고 낮추니 흐름에 멈춤이 없고
발걸음 또한 룰루랄라 천진한 아이들 깨금발
맑고 깨끗하니 걷는 소리 또한 새소리 난다

때론 울뚝불뚝 근육 돋우기도 하지만
거슬러 되오르지 아니하고
그저 아래로 아래로만 몸 낮추고 몸 낮춘다

왜, 그라고 몹시 그리운 일이 없겠는가!
되돌아 가보고 싶은 시절 없겠는가!
낮추어 앉고 낮추어 앉는 일 그리 즐겁기만 할까!

강 되어도 낮이 막이 흐르고 낮이 막이 흐르다
드디어 드넓은 바다 다다르면
만 가지 다 한품에 품어 안으라는 오롯한 일념

오롯한 마음
오로지 한마음
많이 비워내고 많이 견뎌낸 다이아몬드 오색 빛

예쁜 눈망울

'엄마, 서울은 오늘이 장날이야?'

시골 아이가
엄마 손 잡고 명동거리 지나다가
사람들 몸에 부딪혀 밀리며 던진 질문

장날이 돼야
발걸음들 북적거리며 어깨 부딪히는 시골 장터
그런 시골만 보고 자란
해맑은 아이의 궁금증

엄마를 쳐다보는 아이
참 예쁜 눈망울

여름 속으로 떠나자

여름엔
여름과 함께 여름 속으로 떠나자
여름 숲, 여름 산, 여름 바다 같은,
뚝뚝 푸른 물기 떨어지는 여름 속으로 들어가
풍덩 푸름에 빠져
색 바랜 몸 푸르게 물들이자
물을 들이자, 푸르게 푸르게
찌든 마음까지

늦가을

이제는 정리할 시간
황혼 때처럼,
그 장황했던 모든 것들
그 주렁주렁 매달고 흔들어 대던 것들
그 공작새 꼬리처럼 펼쳐 들었던 것들

웃고
울고
화내고
아파하던 일들
너무도, 너무도 분주했던 마음까지도

이제는 정리할 시간
이제는 정리할 바로 그때
하나하나
차곡차곡
애틋이 마음 쏟아

고마운 일들 포개어 넣으며
미안한 일들 분류해 담으며
이사 때처럼,
눈시울엔 그리움을 불 밝혀 두라 한다, 이별 때이니
이제는 그렇게 정리할 시간이란다

능청 떠는 가을 들판

청잣빛 하늘 저 끝자락까지
빈자리 하나 없이 빼곡 들이 채운 황금 들판
한 백 년쯤 굶었대도
지금 너 정말 배 곺으냐 묻는 것 같다

몸 숙이고 머리 조아리고
시종처럼 도열^{堵列}한 배려 깊은 미소들
한 천 년쯤 혼자였대도
지금도 정말 너 외롭냐고 묻는 것 같다

가을 들판, 황금벌판
금물결 세상
불룩하니 부른 배 드러내고 벌러덩 드러누워
사는데 무슨 타령 그리 많으냐 힐문^{詰問}이다

황금벌판

황금빛 비단에 붉은 실로 수놓은 곤룡포를 입었다
문무백관 좌우에 거느리고
태평소 하늘 높이 울리며
좌중을 두루 아우르며 어가御駕 타고 납시는 임금님

누구 눈치를 살피며 머뭇거리랴
그냥 주상 전하 납시오다
그냥 주상전하 납시오를 외치며 납신다
넙죽넙죽 머리 조아리는 세상

전하의 성은이 골짜기 마다 가득하니
나라가 온통 늴리리야다
태평성대, 태평성대로다!
성은이 망극하옵니다, 망극하옵니다, 전하

천세千歲 만세萬歲 만만세萬萬歲!
천세 만세 만만세!
만세 수壽 천세 수 누리시옵소서

제4부

햇빛,
용기와 격려와 위로와

자유, 생긴 대로 노는 거지요

뭘 그리 꾸미려 하시나요?
그냥 생긴 대로 놀아요
뭐 그리 걸칠 것들에 신경 쓰나요!
그냥 생긴 대로 놀란다, 하세요
아시나요, 아름다운 여울 물소리
그냥 생긴 대로 놀 때 나는 노래라는 걸,
아시지요, 담백한 맛의 비밀이 무엇인지
괘념 말아요, 주렁주렁 매달고 멋 낼 것들
덜어내요, 개칠로 돋보이고 싶은 속성屬性의 무겔
과장詩張은 모든 불행과 속박의 포승줄
당신 영혼을 얽고 묶고, 거꾸로 매달기도 하지요
그냥 생긴 대로 놀란다, 하세요
더 빨려들어요, 덧칠 없는 당신 미소
남의 시선 타는 마음의 굴레는 벗어 던지세요
단장丹粧은 외모로 말고 마음의 숨은 사랑을 하라 하세요*
금이나 아름다운 옷으로 말고 온유한 심령心靈으로,
있는 대로 걸치고도 단정한 당신의 눈빛은 진주예요
그냥 생긴 대로 놀란다고 소릴 쳐요
그건 자유민임을 선포하는 독립 선언
자유, 그냥 생긴 대로 노는 그것이지요

*성경 베드로전서 3장 3절

꽃이 피네

꽃이 피네, 춥고 메마른 겨울 견뎠더니
꽃바람도 부네, 살 에이는 찬바람 참았더니
견디기, 참기 힘겨웠지만
오래된 외투 두툼히 껴입고
바랜 목도릴 겹으로 접어 두르고
세월 지난 헌 모자 꾹 눌러쓰고
몸 움츠리고, 몸 움츠리고 걷고 걸었더니
꽃이 피고
꽃바람도 하늘거리는 꽃잎처럼 불어오네
꽃이 피네
꽃바람도 부네
춥고 메마른 겨울 견뎠더니,

장미꽃 피기 직전의 5월에게

비 그친 이른 아침 5월의 숲은
비바람이 씻긴 아카시아 꽃송이들 동산을 하얗게 덮어
막 식장에 입장하러 나오는 하얀 면사포 쓴 신부 같고
싸락눈이 살짝 내려 덮인 고향 옛 동산 같다
바람도 달콤하여 하얀 향기 흩날리고
햇살도 부신 미소 하얗게 반짝인다
장미꽃 피기 직전의 5월 싱그러운 날 아침은,

금방 찬물로 세수를 한 열아홉 남짓의 청신한 얼굴*
순둥이 닮은 너의 눈동자는 부드럽고 부드럽다
네 몸에서는 진한 꽃향기 풍겨나고…,
너의 목젖만은 날카로워 순결과 순수를 노래한다
그러나 어찌할 거나
짙어지는 그늘처럼 너의 코밑수염이 검어지고
네 근육들이 불끈불끈 뻗쳐오를 때쯤, 빨간 장미가
허벅지를 홀러덩 들춰 보이며 탱고를 추면,

아이야, 넌 지켜낼 수 있을 거야, 너의 순결을!
몇 날 밤을 잠 못 이루는 날도 있겠지만,
이 순정의 때는 비교할 수 없는 최고의 순간
살아보니 지금 너의 때가 제일 아름다운 때더구나

아이야, 뭐가 좋다고 나이를 빠르게 더 먹으랴
탱고도 지치고 외로운 사람들의 춤과 노래란다
고된 하루에 지치고 긴 이별에 지쳐 있는,
네 정결한 입술의 키스에는 쟁긴 꿀방울이 떨어진다
아, 붉은 장미꽃이 세상 뒤덮기 직전 5월의 순수여!

*피천득의 5월에서

여름과 가을 사이

폭우 내리고, 폭풍 불고, 번개 치고, 폭염 찌고….
얼차려 받으며 특전 훈련받는 병사들처럼
몸을 근육질 근력으로 울근불근 세우는 여름 들판
파란 하늘 정수리까지 피어오르는 하얀 뭉게구름
둥 뭉게 둥둥 뭉게
미루나무 우듬지에서 갈겨대는 왕매미 연발총
따다다다따다따다,

혈기 왕성한 무적 용사 같은 여름 들녘, 이 와중에도
고봉밥 뜨는 엄니 손처럼 익은 가을을 뜨고 있다
쏙 벼 이삭 뽑아 올려 노랗게 여물이고
사과 알 굴려 가며 탱글탱글 붉게 익히고
묵정밭 둔덕으론 하늘빛 들국화 지천으로 피워내고…,
들판이 고봉밥처럼 둥그렇게 둥그렇게 담겨 오른다

맑은 햇살은 눈이 부시게 따갑고
늘어선 것마다 자기 임무에 이상 없음을 보고한다
충성, 경례 붙이고 보고하는 병사들처럼,
어느 하나라도 가만히 노는 게 없는 이 계절
시상대 위의 메달리스트처럼 듬직하고 당당하다
천고마비天高馬肥라 했던가, 야홍인비野弘人肥이다
여름과 가을 사이

삶이라는 거

팽그르르 돌리는 팽이채

생각해 보면, 처음엔 우리
다 잘 되자고 시작한 일이었어
다 잘 되자고 한 일
삶이 자기 성질대로 마구 뒤틀어 놓아서 그렇지
삶이란 그게,
생각해 보면, 처음엔 우리
잘 되리라 생각하고 한 일이었지, 그렇잖아?
너와 나, 어느 한 편의 잘잘못이 아니라니까
삶이라는 그게 다 틀어놓은 거야, 지 맘대로
꽈배기처럼 뱅뱅
오죽하면 시인은 그렇게 노래했을까, 삶이
그대를 속이더라도 슬퍼하거나 괴로워하지 말라고
그래, 슬퍼하거나 괴로워하지 말자, 우리

삶은 팽그르르 돌리는 팽이채!

어떤 한가한 날을 위하여

물병 하나, 빵 두어 봉지, 새 시집 한 권이면
꽉 차는 깜찍한 가방 하날 메고
유치원 아이들 소풍 가듯 홀가분하게 나서보자
다리와 발목이 무겁고 약간 허기 느낄 즈음
숲이 내어주는 평퍼짐한 바위 위 그늘막에
두 다리와 엉덩이를 올려놓고
달려와 안기는 고요를 한 아름 잔뜩 품어 보자
그러고는 물병을 꺼내 들고
물 한 모금을 푸른 숲과 함께 들이켜 마시고
꿀꺽꿀꺽,
빵을 떼어 살짝 부푸는 그리움과 함께 먹자
고요는 그 성격대로 참 살가우리니
그 품이 고향인 듯 안겨 머물자
잡다한 생각일랑은 다 떨쳐내고, 그리고는
가지고 온 시집 꺼내 목차를 한번 쭉 훑어보자
바늘에 찔리듯이 콕 찔리는 제목의 시를 찾아,
둘러선 고요에게 낭독을 부탁해 보자
또 바늘에 찔리는 듯 콕 찔리는 부분을 골라
중얼중얼 몇 번이고 새로운 듯 읽어 보자
마음이 일어서는 대로 음률 타며 뇌고 되뇌어 가며,
그러다가 이는 가락 있으면 홍얼홍얼 노래도 해 보자

소릴 내어 노래도 해보자, 고요도 들으라고
돌아오는 길 내내 그 노래를 부르자
돌아오는 길 내내,
룰루 눌루 누르르르, 눌루 룰루 루르르르…,
허구한 날 바쁘다만 말고, 룰루 눌루 노래도 부르자
사람은 일만 하다 세상 떠나는 소가 아니니,
돈만 먹는 돈벌레는 더더욱 아니니,

빛나는 일

슬리퍼를 질질 끌고 손 허리춤에 꽂아 넣은
저녁이 어슬렁어슬렁 찾아왔다
오늘 어땠냐며 희죽이 웃는 잿빛 미소하고

어땠기는?!
경첩 어긋난 무거운 문 열고 닫는 격이었지
다 알면서…,

그놈의 희죽거리는 잿빛 미소 좀 걷어치워
삶을 잇는다는 게 어디 그리 쉬운 일이야?

삶을 잇는다는 게
삶을 이어간다는 게
포기 않고, 중단 않고 이어이어 간다는 게

쉽지 않고 힘들지, 힘이야 들지만
생을 곧추세워 가는 빛나는 일이잖아

그냥 건들거리기만 한다고 되는 일이 아니지
삶을 잇는 일,
생을 곧추세워 가는 빛나는 일이니

절경

철렁 간 떨어질 듯 깎아지른 절벽
휘휘 아나콘다처럼 휘감아 드는 시푸른 강줄기
짜릿짜릿 벼랑 끝, 쓰러질 듯 굽은 소나무
울뚝불뚝 근육질 북돋아 세우는 빗긴 햇살
아, 저 백척간두百尺竿頭의 위태 위태…,

백척간두, 그곳에서 혼자 환해 있는 위태 위태…,
대수롭지 않다는 듯 벼랑 타고 뛰며 오르내린다
곡예사 같은 몸놀림, 하나하나가 다 기묘 기묘이다
난간, 거기가 먹고 자고 쉬는 일상 공간
아슬아슬에 깃들어 있는 평안이 넓은 초장 같다

삶은 위태 위태를 딛고 가는 곡예
생의 위태 위태에도 저리 편안이면 그건 절경
수 없는 곡절曲折들이 절벽처럼 가파른 우리 생
곡절 딛고 우뚝 선 모습은 최고 절경絶境이리

봄꽃

엄동설한,
그 칼바람이 얼마나 견디기
힘겨웠으면
소생蘇生의 기쁨을 저리 막무가내로
팡팡 터뜨려놓는 걸까
저리 팡팡팡!

물음표 길

무수한 물음표들로 이루어지는 길
발자국 수만큼 커지고
품은 물음표만큼 넓어지고 길어지는 길
총총총 수많은 발자국들
어디로 간 건지
어디서 온 건지
무슨 연고로 오고 간 건지
길은 헬 수 없는 물음표들로 이리저리 뒤엉켜 있다
곧게 뻗은 길이라고 걸음이 확고한 건 아니다
이리 갈까 저리 갈까 당혹도 당황도 수없이 했으리
고달픈 발 지문이 가슴에 멍처럼 박혔으리

길 위에서 길을 묻는 물음표
오늘도 수 없는 걸음들 어디로 가는지 모른 채
물음표 길을 서성이며 가고 있다

황망한 일들

어떻게 하겠어요
살면서 만나게 되는 황망하고 황당한 일,
다 된 죽에 코 빠뜨리는 격 같은,
200억이나 들여 한 편 영화 다 촬영해 놓으니
주연 배우가 마약사범으로 기소되었을 때 같은,
결혼 날짜까지 다 잡아 놓았는데
신부가 교통사고로 저세상 사람 된 것 같은,

우째 이런 일이 나에게…!
기 턱 막히겠지요, 말문 막히고

들판의 웅덩이처럼 띄엄띄엄 이런 일 놓인 길
황망한 인생길
우리가 가며 오며 살아가는 길
우리가 오며 가며 살아야 하는 길
어쩌겠어요, 조심조심 사는 길밖에 더
그래서 기도하라 가르친 건 아닐까요,
겸손하게 겸허히!

여울물 소리

서로 사랑하리라 하고, 서로 아끼리라 했으면
그렇게 함께 끌어안고 뒹굴며 가보아요

투덜, 투덜거리는 우리 가는 길바닥
이래저래 멀고 거친 길일 터

흐르는 냇물처럼 흐르고 흐르며, 훌훌
무엇이든 타넘고 타넘을 기상氣像 놓지 않으면
여울물 소리 여울 여울 울려 나지 않겠어요, 우리 삶에
힘겨울 때의 노래가 더욱 아름다운,

슬픔도 함께 나누면 절반이 된다지요
기쁨은 곱절이 되고,

힘들어도 여울처럼 끌어안고 타넘어 가보아요, 훌훌
우리 삶은 낭창낭창 여울 소리 내며 흐르지 않겠어요!

큰 나무의 초대

큰 나무?
큰 나무.
큰 나무!

힘들면 와, 내 어깨에 기대
피곤하면 와, 넓게 드리운 내 그늘에 누어
외로울 땐 와, 쏴-하는 내 노래를 들어

언덕에 혼자 우뚝 서, 가지 하늘만큼 넓게 펼친
언제나 날 은은히 쫓아보는 엄니 같은 시선의 나무
혹 무슨 일 있지 않을까 안절안절 팔랑이는,

큰 나무?
큰 나무.
큰 나무!

꽃은 서러운 것이다

꽃은 웃는 걸까 우는 걸까
꽃빛은 서글픔이 환하게 곰삭은 슬픔의 빛
꽃빛은 속이 배어 나온 꽃의 내색
화무십일홍!
제 운명을 아는,
어느 날 꽃비 되어 어디론지 날아갈 신세身世
꽃빛은,
이별을 위해 제 서러운 방에 걸어 둔 등불의 불빛

꽃빛이 서러우면 꽃도 서러울 터
활짝 핀 꽃은 활짝 우는 것이리라
사는 일은 이렇다 저렇다 얘기할 수는 없는 일
꽃은 활짝 우는 꽃의 활짝 웃음!
꽃은 서러운 것이다
서러움을 꾹꾹 눌러 참고 사는
밝고 온화한 얼굴의 선한 사람들처럼
속으로, 속으로

서러운 마음을 웃음으로 피워내는 사람은 꽃

허세虛勢와 당당堂堂

햇살이
파고들다 파고들다 파고들지 못하고 튕겨 나간다
바람도 달리다 달리다 미끄러지며 나자빠진다
눈 쌓여 얼어붙은 벌판
노한 듯 파란빛까지 발하는 저 하얀 위선과 거만
그깟 햇살쯤이야,
어디라고 너 따위가, 하는 듯 맵차다

햇살은,
그런들 저런들 종일 내리비치고 내리비춘다
하얗게, 하얗게 눈이 시리고 부시도록,
내리비치고 내리 비춘다
햇살은,
그 깐 기고만장氣高萬丈 허세와 허풍쯤이야, 하는 듯

햇살은, 함 할 테면 해보라지 그러는 모양새다
주머니와 뒷배경이 든든한 사람 같이,
든든한 그 무엇으로 속이 꽉 찬 사람 같이,
햇살은 그까짓 것 하는 것이리라
가슴 깊이 남풍南風, 새싹, 꽃봉오리 가득 품었으니
하려는 일이 세상 바꾸는 자랑스러운 일이니
때를 얻든 못 얻든 앞을 보는 선견자先見者이니

가을 붉은 잎

그렇게 얼굴 붉히고 서 있을 일이 아닌데
혼자만 그런 것처럼
검푸른 기운 뻗쳐 올리던 오만
어디 너 혼자만이었느냐?

너 혼자만 그랬던 것처럼
얼굴 빨갛게 붉혔구나
은행나무가 높이 치켜든 노란 경고 카드
너만이 아니라
나를 향해서도 든 것인데

넌 그래도 얼굴 붉힐 줄 다 아는구나
그만한 경고에도
얼굴 붉힐 줄을 다,

그랬듯이 늘

그랬듯이
그러했듯이

그러자, 우리

그랬듯이
그러했듯이

우리 그래 보자

어깰 감싸 안으면 세상 다 품은 것 같던 그때처럼
보고 나서도 금방 또 보고 싶어 전화하던 그때처럼

그랬듯이
늘 그렇게 우리, 그래 보자

파도

무엇이나 품에 안는 바다
바다는 파도로 출렁인다
파도는
모든 걸 품에 안느라 마음 상한 속마음을
곡 붙여 처르르 한스럽게 부르는 바다의 노래
철썩 처르 처르르르
처르 철썩 처르르르
아리랑, 아리랑 아라리요 같은,

무엇이나 품어 안고 지내는 바다
바다는 파도로 일렁인다
파도는
모든 걸 품어 안고 지내느라 마음 상한 속 얘기를
곡 붙여 처르르 구성지게 부르는 바다의 노래
철썩 처르 처르르르
처르 철썩 처르르르
천수답 비탈길 기며 부르던 엄니의 타령 같은,

빛과 그림자 세상

섭섭해하지 말자!
노하지도 말자!
낙심하지도 말자!
울지는 더욱 말자, 그림자 졌어도

햇살 밝으면 그림자는 지는 법
밝은 햇살, 진 그림자
숲은,
얼마나 맑고 고요하고 싱그러운가!
눈이 부시게 맑은 아침햇살과 그림자 진 숲
숲은,
더욱 맑고 고요하고 푸르고 빛나지 않는가
빛과 그림자 드리운 세상
청량 세상!
맑고 고요하고 아름답게 빛나지 않는가
빛이 나지 않는가!
그림자 짙어도 낙심하지 말자

운명 철학자

가을걷이 다 끝난 논과 밭이
털썩 맨땅에 주저앉아 있다
허탈한 듯 주름진 얼굴은 온통 흙빛이다
다 귀찮다는 듯 무겁게 입 꾹 다물었다

그러게 내 이미 일렀잖은가!
아무리 끼고 안고 빨며 좋아라 해도
훌쩍 다 떠나 버리고 혼자일 거라고,
네 타고 난 관상이 그렇다고,

머잖아 내린 눈이 산천을 이불처럼 덮을 것이니
그때 하얀 눈 두툼하니 이불 쓰듯 뒤집어써
그리고는, 그리고는
지금의 속 뒤집는 상심일랑은 하얗게 잊어버려

그리곤 말이야, 그리곤 말이야 기다려
눈 딱 감고, 두 눈 딱 감고 기다려!
덮인 눈도 어느덧 녹아 그마저 떠날 것이고
다시 무언가 품에 안는 계절을 맞게 될 것이니까

그때가 오면, 반복이다 싱겁다 생각 말고
새론 듯 새론 듯이 처음처럼 살아가
네 관상이 그렇다니까!

새해

누군가 창문을 똑똑 두드려요
오늘이 찾아왔나 봐요

창문을 여니 방긋 웃는 환한 얼굴
그늘진 어제의 얼굴이 아니네요

새론 듯 다시 해보자는 듯
하얀 의기 반짝이고 눈빛 또랑또랑해요

불끈 솟아올라
소낙비처럼 부신 햇살 대지에 쏟아붓는 새 해

하얀 백지 수표 액면 공란
액수 맘껏 써넣어 보자네요

어제는 어제, 오늘은 오늘
새 해는 새로 찾아온 오늘
이제 다시 살아 보자, 다시 시작하자 하네요

발문(跋文)

조근조근 다가온 슴슴한 시의 울림과 매력

민윤기(시인, 문화비평가)

1

    신종승 시인은 시집 제목처럼 슴슴한 시인이다. 본인이 말한 대로 영락없는 슴슴한 존재다. 올해 초, 조명제 시인이 강의하는 서울시인학교 강의실에서 처음 만난 뒤 서울시인협회와 '월간시인'의 크고 작은 모임에서 서로 통성명을 하고 인사를 나눈 것도 몇 번째인가 참석한 후의 일이었다. 그만큼 신종승 시인은 유난히 띄는 행동을 하거나 기억에 남는 발언을 하거나 하지 않고 다만 모임의 일원으로서 충실하면서도 슴슴하게 활동하고 있다.

    그는, 달고 짠, 여러 가지 양념이 뒤섞인 남한식 평양냉면이 아니라 평양 옥류관의 '슴슴한' 평양냉면 같은 사람이라고 비교할 수 있을 만큼 은근한 인간의 맛이 느껴지는 사람이다. 처음 만날 때도 슴슴했지만 지금도 '슴슴한' 자세는 여전하다. 처음부터 지금까지의 그 슴슴함이 쌓여 깊이, 그리고 은근하게 간이 배어 있는 것 같은 그의 시를 읽다보면 독자들은 어느새 그 슴슴한 맛과 조근조근한 표현에 중독되어 그 은근한 매력에 끌려 들어가게 될 것이다. 나는, 자극적인 함흥냉면보다 평양냉면의 슴슴한 맛이 어떻게 사람을 사로잡는지, 그 비밀을, 겉과 속이 한결 같으며 시작과 끝이 한결 같은 그 슴슴함의 비밀을, 신종승 시인의 시를 읽으면서 느끼게 되었다. 그래서 나는 신종승 시집 제목을 '슴슴한 존재'보다 더 적확한 제목으로 지을 수는 없겠구나 전적으로 동감하고 있다.

2

신종승 시인은 그의 「문학 등단기」를 통해, "배재학당, 이화학당, 세브란스병원, 수원의 삼일학교, 매향학교 등을 세운 선교사들이 설립한 교단인 감리교회에서 40여 년 목회하다 은퇴한 원로목사"로서 "목회 활동을 하는 동안 기도와 묵상을 하면서 삶의 신비가 있다"는 것을 "어떻게 아름답게 표현해낼 수 있을까 하는 갈망이 있었고, 좋은 시를 잘 감상할 수 있으면 좋겠다는 갈망도 있었다"고 밝혔다. 하지만 "좋은 시라 하여 읽어도 이해 및 공감이 잘 되지 않았기 때문"에 "시를 어떻게 맛나게 읽을까 하는 바람은 시 쓰기를 공부하게 된 주된 동기"라면서 "지금도 힘쓰고 있는 핵심 과제"라고 밝혔다.

신종승 시인은, 문학에 대한 감수성을 일찍 발견한 문학소년이었다. 집안의 환경도 좋았다. 『조선왕조500년』 방송작가로 한 시대를 풍미했던 신봉승 작가가 큰집의 형님이자 초등학교 시절 선생님이었다. 한창 감성적 취향의 시에 빠져 신종승 소년이 시를 감각적으로 재미있게 쓰려고 하면 형님은 장난처럼 시를 가볍게 쓴다고 핀잔을 주곤 했다. 친구들로부터 '문학소년'이라는 기분 좋은 별명을 들으며 학교 교지에 시가 실리기도 했던 신종승 소년에게는, 말하자면 형님은 문학적 자세를 바로잡아 준 스승이 된 셈이었다.

감성적인 시를 쓰기 좋아했던 문학소년은 그 후 어른이 되고 장년을 거쳐 노년의 문턱에 이르렀다. 그러다가 2008년 다시 본격적인 시 쓰기 공부를 시작하였다. 배재대학교 부설 평생교육원 시창작반 등에서 3년 남짓 수련의 기간을 거친 다음 등단을 위해 대전 지역에서 발행되는 계간문예지 『애지』 신인상 공모에 도전하였다. 첫 번째는 낙방, 두 번째 도전 끝에 2012년 신인상에 당선하였다.

그러나 등단한 후에도 훌륭한 시를 쓰기 위한 수련을 게을리하지 않았다. 2013년부터 대전시인대학, 2014년 이재무 시창작반 등에서 시 쓰기의 단계적이고 실제적인 방법과 시적 인식 등을 폭 넓게 배웠다. 느리지만 확실하게, 계획에 따라 집중하는 방식으로 등단하기 전이나 등단한 후에도 변함없이 훌륭한 시를 쓰려는 문학도로서의 자세를 흩뜨리지 않았다.

3
  시원하고 하얗게 썰어져 담긴 백김치처럼
  슴슴하니

슴슴하니
흰 쌀밥과 어우러져, 슴슴하니
밥맛이나 돋우는 존재되리라, 그랬으면
이 이상 바랄 게 뭐가 또 있으랴, 그랬으면
서운타 촉 세워 따따부따 하지 말고
맛있다 좋다 고맙다 자주자주 건네며
그래그래 맞아 맞아 그럼그럼 기껍게 호응해 주며
하얀 백김치 맑은 국물처럼 속내까지 우러났으면
하얗게 세월 이만큼이나 보냈으니
여태껏 많은 도움 속에서 은혜로 산 삶이니
-신종승, 「슴슴한 존재」 일부

이 히수무레하고 부드럽고 수수하고 슴슴한 것은 무엇인가
겨울밤 쩡하니 익은 동치미국을 좋아하고
얼얼한 댕추가루를 좋아하고 싱싱한 산꿩의 고기를 좋아하고
그리고 담배 내음새 탄수 내음새 또 수육을 삶는 육수국 내음새 자욱한 더북한 삿방 쩔쩔 끓는 아랫목을 좋아하는
이것은 무엇인가
이 조용한 마을과 이 마을의 으젓한 사람들과 살뜰하니 친한 것은 무엇인가
이 그지없이 고담枯淡하고 소박한 것은 무엇인가
-백 석, 「국수」 부분

앞에 인용한 신종승의 시 「슴슴한 존재」와 백 석의 시 「국수」를 비교해 보자. 음식을 매개로 한 삶의 시각에서

슴슴한 맛을 좋아하는 취향의 유사성을 발견한다. 백석의 시 '국수'는 지금 우리가 즐겨 먹고 있는 국수처럼 멸치를 우려낸 육수에 하얀 면발에 갖은 양념을 얹은 국수가 아니라 '냉면'이다. 평양에서는 '냉면'을 그냥 '국수'라 부른다.

두 시를 살펴보자. "시원하고 하얗게 썰어져 담긴 백김치처럼/ 슴슴하니/ 슴슴하니/ 흰 쌀밥과 어우러져, 슴슴하니/ 밥맛이나 돋우는 존재되리라"는 신종승과, "이 히수무레하고 부드럽고 수수하고 슴슴한 것은 무엇인가/ 겨울밤 쩡하니 익은 동치미국을 좋아하고/ 얼얼한 댓추가루를 좋아하고 싱싱한 산꿩의 고기를 좋아하고/ 그리고 담배 내음새 탄수 내음새 또 수육을 삶는 육수국 내음새"를 묘사한 백 석의 시는, 지역으로는 남과 북, 시대로는 20세기와 21세기…로 시공간은 서로 다르지만 그 시적 정서는 상당히 비슷하고 친하고 가깝다. '슴슴한 맛'이 어떤 맛인지 낯설어하는 사람들도 있겠지만 '약간 슴슴하게 무친 나물, 소금물에 슴슴하게 담근 무김치' 같은 음식 맛이 바로 슴슴한 맛이고 인간의 맛이다. 우리 국어대사전이 '슴슴하다'는 단어를 오로지 북한 말이라며 표준어로는 '심심하다'고 하는데, 이는 분명한 오류다. 슴슴한 맛은 그 맛 그대로 완성된 맛이지 무엇인가 부족해서 느껴지는 '심심한 맛'이 아니다.

4

신종승 시인이 꿈꾸는 세상과 삶은 소박하다. 그 소박함은 잃어버린 동심을 되찾으려는 소망이다. 그러나 소박한 그 꿈은 때로는 자못 사치롭게 표현되기도 한다.

　　외딴곳에 있는 내가 사는 오래된 집
　　헐고 다시 짓기는 사정이 어렵지만

　　몇 군데라도 부분 개조를 해야겠다
　　쓸모없이 좁고 많은 방, 내벽 털어내어 거실 넓히고
　　안락한 소파와 예쁜 탁자를 놓자

　　아늑한 빛깔의 무드 등도 달고,
　　벗들이 찾아와 차도 마시고 담소도 나누도록,
　　어둡고 침침한 곳엔 창문을 운치 있게 더 내자

　　햇빛과 바람과 풍경이 더 잘 고갤 디밀도록,
　　높은 담장은 허물어 나지막이 정겹게 다시 쌓자

　　철제 육중한 대문도 여닫이 나무 문으로 바꾸자

　　이웃집 이야기가 도란도란 드나들기 편하도록,
　　거미줄 드리운 때 절은 외벽
　　그리스 해변의 집들처럼 하얀색으로 하얗게 칠하고
　　지붕은 높은 하늘 물빛으로 칠하여 놓자

　　햇살이 더욱 눈부시게 그늘에 빛나고
　　지중해에서 불던 바람이 포도 향기 싣고 간혹 들러
　　안팎의 쿰쿰한 냄샐 쓸어내 싱그러운 향 날리도록

-신종승, 「오래된 집」 일부

'오래된 집'이라면 대개 우중충하고 낡은 모습을 연상하기 쉽다. 그래서 신종승 시인의 꿈은, 아니 계획은, 이런 오래된 집일수록 (그 집이 싫어 떠나지 않고) 리모델링하는 수준에 가깝도록 개조하고, 정성스레 꾸며 정다운 집으로 바꾸고 싶어한다. 칸막이가 막혀 있어 쓸모없어진 방은 소통이 잘되도록 널쩍한 하나의 방으로 고치는 대신 창문을 하나 더 내 어둡고 침침한 공간을 운치있게 개조하려고 한다. 그렇게 개조해서 '쿰쿰한 냄샐 쓸어내' 시인이 원하는 공간 -햇살이 더욱 눈부시게 그늘에 빛나는 생활공간으로 만들자고 한다, 이것이 살아오면서 터득한 시심詩心의 회복이자 소박한 개인적 욕망의 표현이다.

이런 소박한 희망은 다음의 시에도 잘 표현되어 있다.

물병 하나, 빵 두어 봉지, 새 시집 한 권이면
꽉 차는 깜찍한 가방 하날 메고
유치원 아이들 소풍 가듯 홀가분하게 나서 보자
(…중략…)
잡다한 생각일랑은 다 떨쳐내고, 그리고는
가지고 온 시집 꺼내 목차를 한번 쭉 훑어 보자

바늘에 찔리듯이 콕 찔리는 제목의 시를 찾아,
둘러선 고요에게 낭독을 부탁해 보자

또 바늘에 찔리는 듯 콕 찔리는 부분을 골라

중얼중얼 몇 번이고 새로운 듯 읽어 보자

마음이 일어서는 대로 음률 타며 뇌고 되뇌어 가며,
그러다가 이는 가락 있으면 홍얼홍얼 노래도 해 보자

소릴 내어 노래도 해보자, 고요도 들으라고
돌아오는 길 내내 그 노래를 부르자
돌아오는 길 내내,
룰루 눌루 누르르르, 눌루 룰루 루르르르…,
허구한 날 바쁘다만 말고, 룰루 눌루 노래도 부르자
-신종승, 「어떤 한가한 날을 위하여」 일부

지금은 사회적으로 별로 주목을 끌지 못하는 용어가 되었지만, 소소한 일상생활을 통해 확실하게 행복한 삶을 추구하자는 이른바 '소확행'의 라이프스타일을 제안하는 메시지가 담겨 있는 시다. 특히 이 시는, 고맙게도 시인들이 깊은 관심을 가져 주었으면 좋을 방법이 제시되고 있다. 텍스트로 이루어져 읽히지 않는 시집 속의 시, 또는 액자 속에나 처박혀 있음직한 사문死文 같은 시를 생활 속으로 불러내 살아 있는 예술활동으로 즐기자는 훌륭한 메시지가 들어 있다. 시를 노래로도 부르고, 소리 내어 암송도 하자는, 그래서 하고한 날 바쁜 돈벌레 생활에서 뛰쳐나오자는….

5

이 시집은 신종승 시의 매력이 듬뿍 실려 있는 보물선

이다. 선장 신종승 시인이 이 보물선을 타고 와 희망과 사랑을 조근조근 이야기한다. 독자들은 한 편 한 편 읽어가면서 마치 소풍날의 숨은 보물찾기 놀이처럼 시를 읽는 즐거움을 누릴 수 있겠다.

나 역시 독자 중의 한 사람일 뿐이다. 이 짧은 발문跋文에서 문학성이며 완성도, 주제며 상징, 레토릭에 대해 아는 체 썰을 풀지는 않겠다. 자칫 신종승 시인의 의도를 곡해하고 시의 매력을 훼손할 수도 있기 때문이다.

그대신 신종승 시인의 시에서 발견한 짤막한 몇 구절-동심을 한껏 담고 있는-을 특별히 인용한다. 비록 무심하고 정제되지 않은 듯한 짧은 구절들이지만 다른 시인들의 시에서는 좀처럼 만나기 어려운 소중한 표현들이다. 동심과 함께 인용된 유머러스한 구절들에서 신종승 시인의 소년 같은 장난기가 느껴져 저절로 미소가 떠오른다.

①
저녁엔
조용조용
어둠을 펴고

아침엔
조용조용
어둠을 갠다

두 볼 발그레 수줍은 어여쁜 신부처럼
조용조용

조용조용

아, 눈 오나 비 오나 한결 같은 그곳 그 자리
아, 저 호수처럼 깊고 찬찬한 까만 속눈썹
그저 조용조용조용
-신종승,「진심」에서

②
'엄마, 서울은 오늘이 장날이야?'

시골 아이가
엄마 손 잡고 명동거리 지나다가
사람들 몸에 부딪혀 밀리며 던진 질문

장날이 돼야
발걸음들 북적거리며 어깨 부딪히는 시골 장터
그런 시골만 보고 자란
해맑은 아이의 궁금증

엄마를 쳐다보는 아이
참 예쁜 눈망울
-신종승「예쁜 눈망울」에서

③
너를 뽑아 세운다, 따옴
너를 불끈 데리고 온다, 따옴

너를 움켜 품에 안는다, 따옴
-신종승, 「따옴표」에서

④
너는 꽃이었다
나는 나비였고

우린 한때가
그렇게 둥둥 함께였다

둥둥
둥둥
-신종승, 「그리운 이」에서

⑤
엄동설한,
그 칼바람이 얼마나 견디기
힘겨웠으면
소생의 기쁨을 저리 막무가내로
팡팡 터뜨려 놓는 걸까
저리 팡팡팡!
-신종승, 「봄꽃」에서

6

'달빛' '등불' '별빛' '햇빛' 등 전4부 78편이 수록된 이 시집의 시를 일별하는 동안, 시집 제목과 시집을 지은 시인이 어쩌면 이리도 근사한 코디로 깔맞춤할 수 있었을까 찬탄하였다. 그만큼 시가 곧 시인이요 시인이 바로 시 자체인 일체감이 돋보였다.

나는 신종승의 시를 다 읽고 나서 앞으로도 계속 그의 시세계를 더 탐사해야 한다는 숙제장을 받아 든 느낌이 들었다. 하지만 그 숙제가 부담스럽지 않고 행복한 체험이 될 것이라는 예감이다. 신종승의 시가 아우르고 있는 주제들이 긍정적이고 주는 메시지가 훌륭하고, 낮은 외침이면서도 울림이 크기 때문이다.

신종승의 시와 함께 그 시 속에서 만난 여러 시어들, 예를 들면 '은혜' '반성' '그리움' '아낌' '성찰' '되돌아봄' '자족' '자애로움' '사랑함' '따옴표' '설설설' '별' '낙타' '꺼이새' 같은 시어들을 나는 오래 오래 잊지 못할 것이다. 어디서 이런 귀하고 숨어 있는 보물들을 다시 만날 수 있으랴!